출동 119! 우리가 간다

김종민 쓰고 그림

사계절

나는 어려서부터 이 동네에 살았어.
소방서 뒤에 있는 놀이터에서 만날 놀았지.
신 나게 놀다가도 빨간 불자동차가 출동하면
쫓아가서 구경했어.
언젠가는 나도 저 차를 타고 달려가
사람을 구하고 싶다고 생각했지.
그 꿈대로 나는 커서 소방관이 되었어.
이곳이 내가 일하는 소방서야.

소방서는 삼거리나 사거리에 있어.
사고 난 곳까지 빨리 가야 하니까
교통이 편리한 곳에 지어.

사무실은 지금이 가장 붐비는 시간이야.
출근한 사람과 퇴근할 사람이 다 모여 있거든.
정 선배는 출동 보고서를 쓰고 있네.
어제 새벽에 유난히 출동이 많았대.
아침 회의가 끝나면 바로 퇴근할 거야.
나도 컴퓨터에다 출근했다고 적어 넣어야지.
지금부터는 내가 일할 시간이거든.
내일 아침까지 일할 거야.

우리 소방서 소방관들은 하루 24시간 꼬박 일해.
그 대신 다음 날은 하루 꼬박 쉬고.
소방관을 두 조로 나누어서 번갈아 하루씩 일하는 거야.
불이나 사고는 밤낮을 가리지 않고 일어나.
그러니 소방관들도 밤낮으로 일하는 거야.
게다가 쉬는 날에도 일할 때가 많아.
훈련을 받거나 소방 시설들을 확인해.

출근하면 옷부터 갈아입어.
출동 벨이 울리면 곧바로 나갈 수 있게
활동복을 입는 거야. 준비가 끝나면
나는 가족사진을 보면서 약속해.
"용감하게 일하고, 안전하게 돌아올게!"

출동 벨이 울리면 지도가 나와.
사고 난 곳 위치와 거기까지
가는 길이 표시돼.

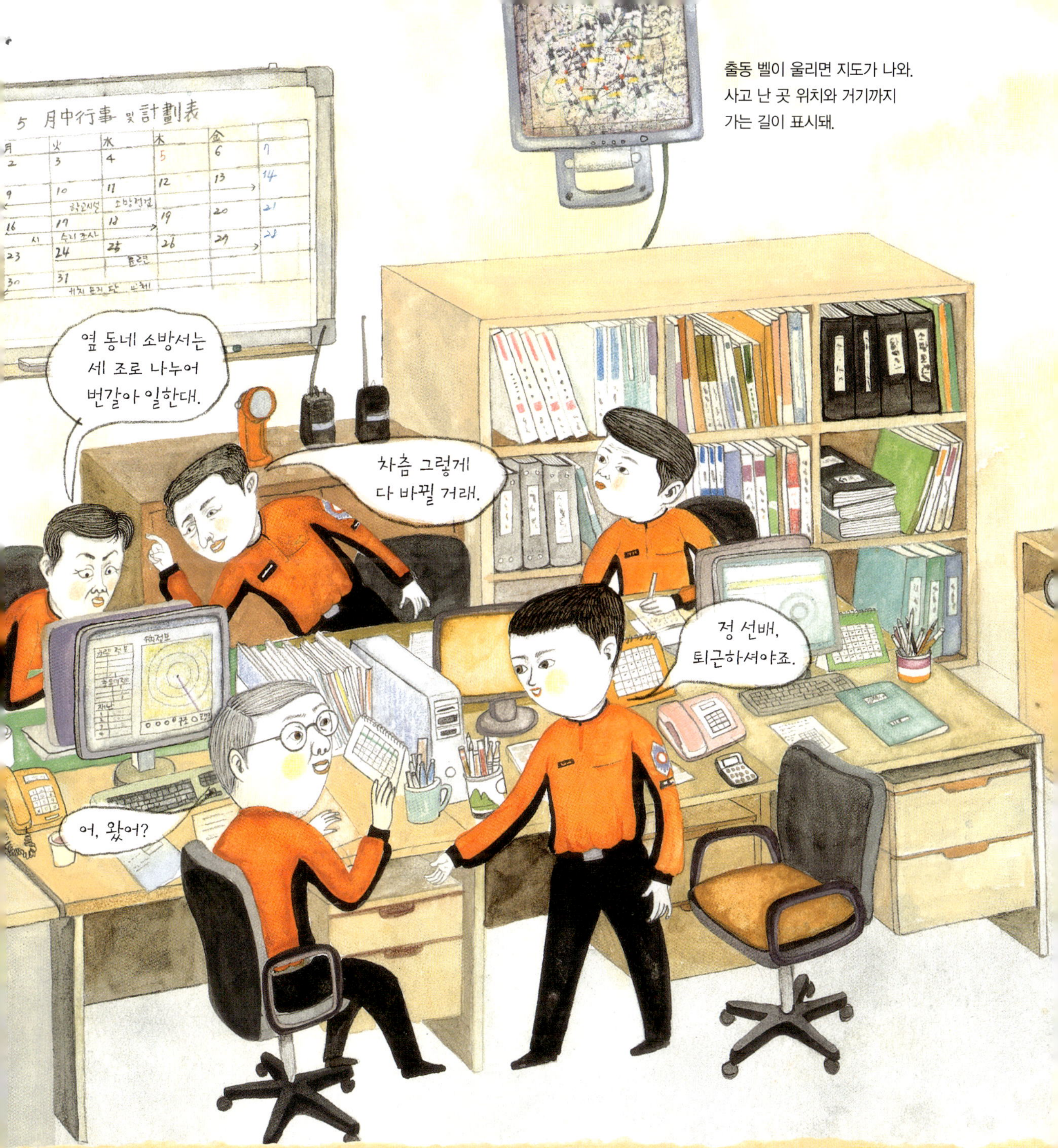

"옆 동네 소방서는 세 조로 나누어 번갈아 일한대."

"차츰 그렇게 다 바뀔 거래."

"정 선배, 퇴근하셔야죠."

"어, 왔어?"

우리 각시랑 딸 준이야.
우리는 준이 생일마다 가족사진을 찍어.
준이는 세 살이야. 준이가 "아빠!" 하고
부르면 마음이 살살 녹아.

사물함에는 옷이나 비누, 칫솔,
수건 들도 넣어 둬.
발가락 양말도 꼭 챙겨 놓지.
나는 발에 땀이 많이 나거든.

출동이 없을 때는 밤에 잠깐씩 자기도 해.
밤낮을 꼬박 일하니까 돌아가면서
쉬어야 해. 그렇지만 자다가도 출동 벨이
울리면 벌떡 일어나지.

우리 소방서 사람들이야!

우리 소방서에는 소방관이 백 명도 넘어.
소방관이 불 끄는 일만 하는 건 아니야.
우리 동네에 어떤 사고가 나든 가장 먼저 달려가는 사람들이야.

★지휘대장★

"소화전 확보해라!"

지휘대장 이성주
불 끄러 갔을 때, 소방관 모두를 이끌어.
소방관이 된 지 25년도 더 됐어.
몇만 번도 넘게 출동하다 보니 불이
왜 났는지 냄새만 맡고도 알아맞힌대.

"내가 바로 우리 소방서 최고 미남!"

구조대
불이 난 곳에서 사람을 구조해.
교통사고가 나거나 물에 빠졌거나
산에서 길을 잃었을 때도 구조대가 가서 돕지.
위험에 빠진 동물도 구해.

나 김영민
119 구조대로 일한 지 3년 됐어.
어릴 때부터 소방관이 되고 싶었어.
무시무시한 불 속에서 사람들을 구하는 게
진짜 멋있잖아!

"정신 놓다가 다칠라!"

구조대 반장 안상오
20년 넘게 소방관 일을 했어.
큰형처럼 다정한 분이야.
하지만 일할 때는 아주 엄격해서 무서워.

"팔씨름해서 져 본 적이 없어!"

구급대원 윤은서
병원에서 간호사로 일하다가
구급대원이 됐어. 몸집은 작지만 환자들이
탄 들것을 번쩍번쩍 들어 올려.

구급대
다치거나 아픈 사람들에게 응급 처치를 하고
재빨리 병원으로 옮기는 일을 해.
응급구조사 자격을 갖춘 전문가들이야.

구급대원 서지후
어릴 때 자전거를 타다 넘어져서 크게
다쳤대. 그때 구급대 아저씨 도움을 받고는
쭉 소방관이 되고 싶었대.

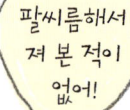

아침 회의 하러 가는 길에 상황실에 들렀어.
나는 소방서에서 상황실이 가장 좋아. 여기에는 커다란 모니터가 있거든.
우리 동네를 지도나 사진으로 한눈에 볼 수 있어.

우리 지역에서 불이 났다는 신고가 들어오면,
상황실에서 한눈에 알 수 있어.
불이 어디에서 났는지, 누가 신고했는지,
거기까지 어떻게 가는지 화면에 떠.
소방차가 출동해서 어디쯤 가고 있는지도 다 보여.

이 커다란 지도를 보면 나는 가슴이 벅차.
우리가 지키는 곳이 뚜렷하게 보이니까 어쩐지 기운도 솟는 것 같아.
앗, 꾸물거리다가 아침 회의에 늦겠다!

화재 경보등
출동 명령이 울리면 화재 경보등에 불이 켜져.
불 빛깔을 보면 어떤 사고가 났는지 알 수 있어.

- 불이 났을 때.
- 사람이나 동물을 구조해야 할 때.
- 응급 환자가 생겼을 때.
- 그 밖에 다른 사고가 났을 때.
- 신고가 들어오고 있을 때.

수관
물을 뿌리는 호스.

고가사다리차
사다리가 달려 있는 차야.
높은 건물에 불이 났을 때 써.
소방관이 타고 올라가서
불을 끄거나 사람을
구하기도 해.

미끄럼봉
출동할 때 봉을 타고 미끄러지면
빨리 내려올 수 있어.

공기 호흡기

펌프차
불 끄는
소방차.

굴절사다리차
사다리를 팔처럼 꺾을 수 있어.
사다리 끝에는 사람이 탈 만큼
커다란 바구니가 있어.

어제는 불 끄러 갔다가 길가에 있는 소화전을 못 써서 고생했대.
소화전은 수돗물을 끌어 쓸 수 있게 만든 장치야. 불을 끌 때 꼭 필요해.
그런데 자동차가 소화전을 막고 있었대.
소화전 둘레에 차를 세우면 안 되는데 말이야.
진압대는 주차 금지 표지판이 제대로 있는지 살펴보기로 했어.

소방 장비를 살피는 일은 아주 중요해. 아침마다 꼭 하는 일이야.
소방차를 모는 소방관은 차 시동이 잘 걸리는지 살펴.
불 끄는 소방관들은 소방차에 물이 꽉 채워져 있는지,
펌프가 잘 움직이는지 확인해.

펌프차
불을 끄는 차야. 물을 뿜는 수관과, 물을 끌어올리는 기계를 갖추고 있어. 불 끌 때 쓰는 물과 약품, 안전 장비도 다 싣고 있지. 물은 5분쯤 쓸 양만 있어. 그래서 물을 실은 탱크차와 짝을 지어 다녀. 소화전이나 냇물을 채워서 쓸 수도 있어.

압력계 물이 얼마나 세게 나가고 있는지 알려 줘.

방수포 높은 곳으로 힘 있게 물을 쏘는 장치야.

조명등 어두운 곳에서 일할 때 켜는 전등이야.

사다리

방수구 물이 나오는 구멍이야. 여기에 수관을 꽂아서 써. 차 뒤쪽에는 물을 담는 구멍도 있어.

물 진짜 세게 나온다!

잠깐 물 좀 뿌려 주고 가.

흡수구 물을 빨아들이는 구멍이야. 냇물이나 웅덩이에서 물을 퍼 소방차에 담을 때 써.

고압세척기 수관을 청소할 때 써. 물이 아주 세게 나와서 수관에 붙은 흙이나 작은 돌을 다 씻어.

수관 물을 뿜는 호스야. 소방차나 소화전에 연결해서 써.

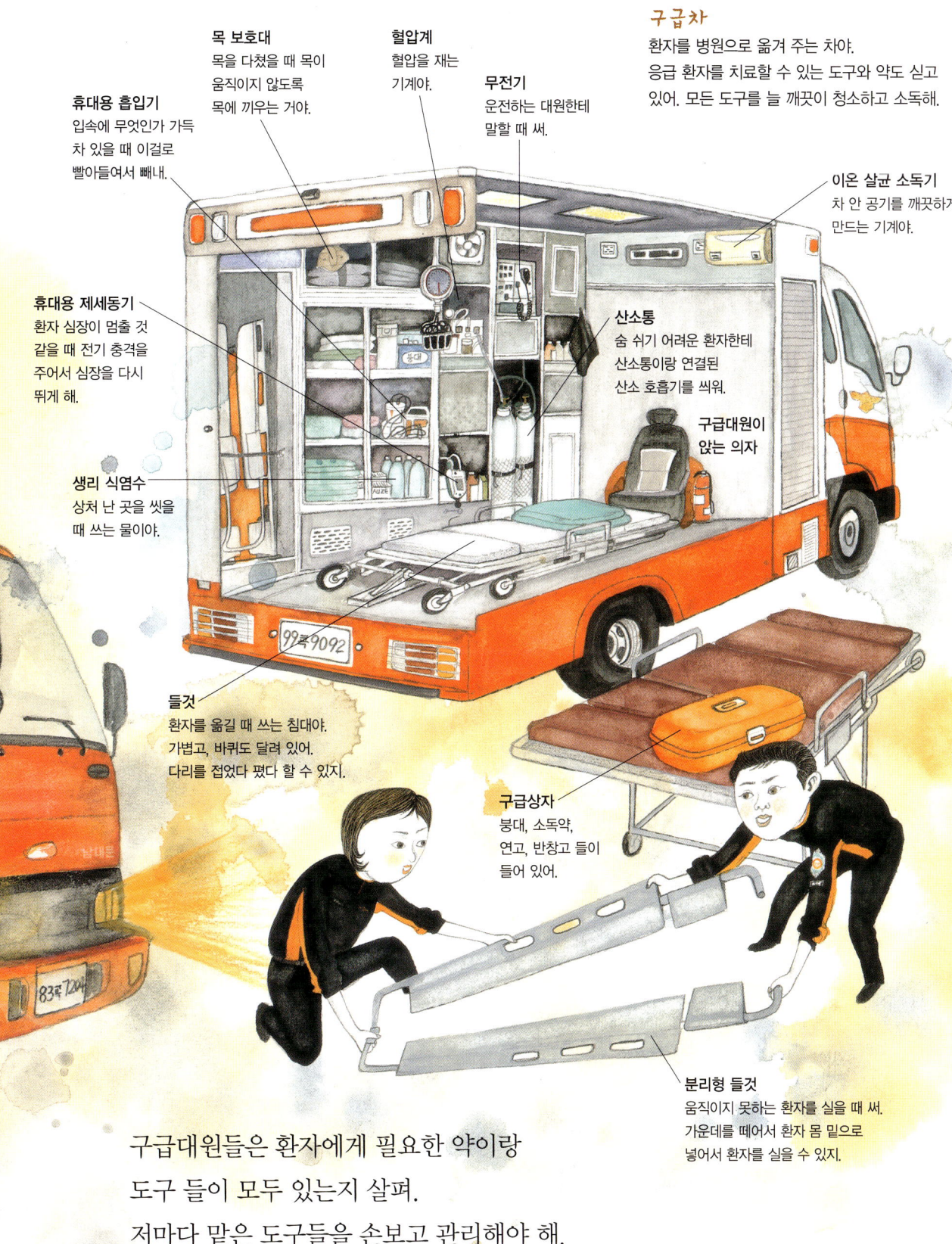

나도 날마다 방화복과 도구를 챙겨.
옷이나 도구가 망가지지 않았는지 꼼꼼히 확인해야 해.
이 도구들이 사람들을 살리고 나를 살리니까.

몸에 지니는 소방 도구

구조 헬멧
불이 난 사고가 아니면 일할 때 이 모자를 써.

공기 호흡기
독한 연기 속에서도 숨 쉴 수 있게 공기 호흡기를 꼭 챙겨. 한 사람이 50분 동안 숨 쉴 수 있는 공기를 담고 있어.

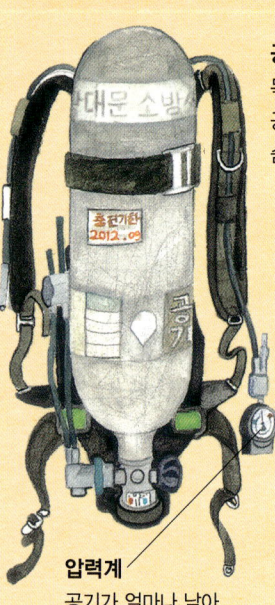

손전등
연기가 자욱한 곳에서도 앞을 볼 수 있는 특별한 손전등이야.

면체
공기 호흡기와 연결해서 코와 입에다 써. 구조한 사람에게 씌워 주려고 하나를 더 가지고 다녀.

방화모
불이 난 곳에서 일할 때 써. 머리와 목덜미, 귀를 보호해.

무전기
소방관들끼리 연락할 때 쓰는 기계야.

압력계
공기가 얼마나 남아 있는지 알려 줘.

옷과 장비를 다 갖추어 입으면 20킬로그램이 넘어.

방화복
불이 난 곳에 갈 때 입어. 불이 닿아도 3분쯤 견딜 수 있는 천으로 만들었어. 물도 잘 스며들지 않아.

깜깜한 곳에서도 빛나는 줄무늬야.

장갑
물과 불에 잘 견디는 천으로 만들었어.

활동복
일할 때 늘 입는 옷이야. 방화복은 이 옷 위에 입어.

인명 구조 경보기
소방관이 쓰러져서 30초 넘게 움직이지 않으면 '삐삐삐삐!' 소리가 나.

방수화
물이 스미지 않는 신발이야. 신발 속에 강철판이 들어 있어서 발을 보호해 주지.

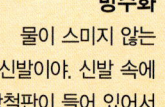

나이트라인
어두운 곳에서도 빛이 나는 줄이야. 구조대가 깜깜한 곳으로 들어갈 때 허리에 걸고 가. 밖으로 나올 때 이 줄을 보고 나와.

구조대가 쓰는 도구

소방관한테는 소방 도구가 손발이나 마찬가지야.

파괴기

도끼
파괴기와 도끼는 벽이나 지붕, 문 따위를 뜯어낼 때 써.

유압 절단기
강철판이나 쇠고리를 자를 때 써.

차가 찌그러져서 문이 안 열리면, 이걸로 틈을 벌리거나 당겨서 열지.

유압 전개기
강철이나 금속이 찌그러졌을 때 펴는 도구야.

로프 발사총
이 총을 쏘면 줄이 쑹 튀어나와서 멀리까지 나가. 높은 건물이나 계곡에서 사고가 났을 때 이 줄을 써서 사람들을 구해.

칼날을 바꾸면 나무나 콘크리트도 자를 수 있어.

동력 절단기
날카로운 날이 빠르게 돌아가서, 두꺼운 철문도 잘라.

도구를 살피고 난 뒤에는 꼭 보고서를 써.

공기톱
공기의 힘으로 톱날을 돌려. 전기가 없는 곳에서도 쇠붙이를 자를 수 있어.

밧줄
높은 곳에 오르내릴 때나, 사람이나 장비를 옮길 때 써. 간단한 도구인데 쓰임새가 아주 많아.

15

오늘 첫 출동이다!
고양이가 나무 위에서 못 내려오고 있대.
무슨 고양이가 그러냐고? 고양이도 그럴 때가 있어.
올라갈 때는 정신없이 뛰어 올라갔다가,
막상 내려오려니까 무서운 거지.
소방관은 사람만 구하는 게 아니야.
동물도 구한다고.
멋지지?

"나비야, 우쭈쭈쭈."
이제는 나도 고양이를 제법 다룰 줄 알지.
고양이 눈을 똑바로 쳐다보면 안 돼.
그러면 해치려는 줄 알고 겁을 먹거든.
살살 다가가서 그물을 휙 씌워야 해.

소방서로 돌아가는 길에 또 출동 명령을 받았어.
앗, 이번에는 교통사고야! 차 안에 사람이 갇혔어. 서둘러야 해!
경찰들도 와서 교통정리를 하고 있어.
박 선배와 오 선배는 차가 폭발할 위험이 없는지 먼저 살폈어.
나는 차 안에 갇힌 사람을 빨리 꺼내야 해.
찌그러진 문짝을 자르고 두드리기를 되풀이한 끝에, 드디어 문이 열렸어.
"움직일 수 있으세요?"
구급대원들이 다친 사람 몸을 재빨리 살펴보더니 목 보호대를 씌웠어.
그리고 서둘러 구급차에 태우고 병원으로 달려갔어.

소방서로 돌아오니 어린이들이 모여 있어. 불조심 교육을 받으러 왔구나!
홍보교육팀 유 선배는 아이들 앞에 있을 때가 가장 멋있어.
딱딱한 이야기도 재미있게 들려주거든. 귀에 쏙쏙 들어오게 말이야.
아이들 눈이 반짝반짝하네.
우리 준이도 몇 년 뒤에는 저 아이들처럼 눈을 반짝이며 설명을 듣겠지?
불 끄는 것보다 불이 나지 않도록 하는 게 훨씬 더 중요해.
아이들이 그걸 꼭 배워 가면 좋겠어.

예방 교육
불이나 사고를 막는 안전한 생활 습관을 가르쳐 줘.
소화기 쓰는 법부터 인공호흡 하는 법까지
불이나 사고가 났을 때 어떻게 해야 할지도 알려 줘.

소방 훈련
이 훈련은 높은 건물에서 줄을 붙잡고
내려오는 훈련이야. 아주 위험해서 조심해야 해.
훈련도 여러 가지가 있어. 밧줄 매듭 짓는 것부터
헬리콥터에서 내려오는 것까지 말이야.
전국 소방관이 다 모여서 하는 훈련도 있고,
경찰과 같이 하는 훈련도 있어.

마침 훈련할 시간이야.
아이들이 지켜보고 있으니, 더 멋지게 해 보자.
이런 훈련을 한 달에 열다섯 번도 넘게 해. 대단하지?
출동이 없을 때는 거의 훈련을 하지.
소방관은 일할 때 실수하면 안 되거든. 생명을 구하는 일이니까.

야호, 점심시간이다! 출동 없을 때 얼른 먹어야지.
오늘은 두 그릇이나 먹었네, 끄윽. 고등어조림이 아주 맛있었어.
날씨도 좋은데 족구나 한 판 할까!
어른들이 족구하면서 노는 게 우습디고?
모르는 소리! 이게 다 운동이야.

물론 소방서 안에 운동실도 있지만,
난 대원들과 어울려서 운동하는 게 더 신나더라고.
우리는 늘 긴장하고 있기 때문에
이렇게 운동하면서 몸과 마음을 풀어 줘야 해.

소방관들은 밥 먹는 시간에도
멀리 나가면 안 돼.
밥을 먹다가도, 화장실에 앉아 있다가도
"출동!" 소리만 나면 바로 뛰어나가야 해.

"자, 간다!"
내가 막 공을 차려는데 벨이 크게 울려 퍼졌어!
모두 하던 걸 멈추고 당장 소방차로 뛰었어.
빨리, 빨리, 빨리!
출동이다!

뛰어!

일분일초라도 빨리 가야 해!
소방차에 타자마자 방화복부터 입었어.
부리나케 공기 호흡기를 메고, 밧줄과 손전등까지 다 챙겼어.
준비를 마치자 모두들 입을 꼭 다물고 있어.
가끔씩 무전기에서 나오는 지휘대장님 목소리만 울려 퍼져.
나는 가만히 목걸이를 만지면서 다짐했어.
"용감하게 일하고, 안전하게 돌아올게."

출동 지령서
출동할 때 들고 나가.
종합상황실에서 출동 명령을 내릴 때
팩시밀리로 이 종이도 같이 보내.
신고한 사람의 전화번호와 사고 난
곳까지 가는 지름길도 적혀 있어.

"한강동 사거리에서 왼쪽으로 들어가라!"
반장님 무전기에서 계속 지휘대장님 목소리가 들려.
내가 탄 소방차는 *"오앵오앵"* 소리를 내며 지름길로 달려갔어.

소방차에게 길을 비켜 줘!
큰 사고로 번지는 걸 막으려면, 소방관이 빨리 가는 게 가장 중요해.
모든 차는 소방차에게 길을 양보해야 해. 법으로 정한 약속이야.
좁은 골목에 차를 세워 놓아서 소방차가 들어가지 못하는 일도 많아.
그럴 땐 차를 끌어내서 옮겨야 해.

소방차도 순서대로!

지휘대장이 탄 지휘차가 맨 앞이야. 구조대가 탄 구조차가 뒤를 바짝 쫓아. 불 끄는 펌프차랑 물이 든 탱크차가 차례로 달리고, 덩치가 큰 사다리차는 그 뒤로 달려. 구급차는 끝에서 가. 맨 뒤에 있어야 빨리 나와서 병원으로 갈 수 있거든.

시커먼 연기가 치솟는 걸 보니, 입이 바짝 말라.
아직 짓고 있는 건물이라서 다행히 사람이 살지는 않아.
집 짓던 사람들도 거의 다 빠져나왔어.
큰불이라서 이웃 소방서에서도 달려왔어.
우리 소방서 구역이라 우리 지휘대장님이 모두를 이끌어.
진압대원들은 재빨리 펌프차에서 수관을 끌어냈어.
사다리차도 물 쏘기 좋은 자리를 잡았어.
우리는 저마다 맡은 일을 척척 시작해.

나는 건물에서 나오지 못한 사람을
구하러 들어갈 준비를 해.
사람을 구하는 일이 가장 먼저야.
반장님과 진압대 박 선배, 주원이가
나하고 같이 들어갈 거야.
모두 무사히 구조하는 것!
이것만 생각하자.

소방관이 꼭 지켜야 하는 약속!
불이 난 곳은 위험하니까 혼자 움직이면 안 돼.
둘이나 여럿이 짝지어 움직여야 해.
모두 지휘대장님 지시에 따라야 해.
모든 상황을 지휘대장님께 보고해.

우리는 도구를 챙겨 들고 건물 안으로 들어갔어.
검은 연기가 가득 차 있어서 바로 앞도 잘 보이지 않아.
갑자기 다리가 후들거리는 것 같아.
그때 반장님이 내 어깨를 두드리고는 앞으로 나아갔어.

어둠 속에서 반장님, 박 선배, 주원이가 보여.
그래, 함께 일하는 사람을 믿자.
내가 구해야 할 사람을 생각하면서 힘을 내야지!
누군가 우리를 애타게 기다리고 있을지도 몰라.
앞에서 뜨거운 불이 훅 일어설 때마다
주원이와 박 선배가 물을 쏘았어.
바닥은 어느새 물바다가 됐어.
불길을 잡으며 우리는 한 발짝 한 발짝
앞으로 나아갔어.

손전등으로 둘레를 샅샅이 살피며 앞으로 걸어갔어.
진압대와 손발이 착착 맞으니 걸음이 한결 빨라져.
잠깐, 무슨 소리를 들은 것 같아. 재빨리 반장님께 신호를 보냈어.
우리는 방향을 틀어 소리가 난 쪽으로 다가갔어.
불과 연기에 막혀 나가지 못한 사람들이 엎드려 있어.
우리는 얼른 달려가 보조 면체를 씌워 주었어.
"안심하세요, 소방관입니다."

우리는 서둘러 건물을 빠져나왔어.
구급대원들이 들것을 가지고 와서 기다리고 있어.
나는 구급대원을 도와 구조한 사람을 눕혔어.
바로 그때 그분과 눈이 마주쳤어.
그분이 내 손을 잡았어. 나도 그분 손을 꽉 쥐었어.
구급대는 산소 호흡기를 씌우고 혈압과 맥박을 쟀어.
독한 연기를 마셨을 테니, 서둘러 병원으로 갈 거야.
모두 큰 탈이 없기를 빌었어.

이제 건물 안에 아무도 없어. 우리 구조대가 샅샅이 확인했어.
구급차들도 환자들을 태우고 병원으로 다 떠났어.
진압대는 잔불이 남아 있는지 살피고 있어. 마지막 불씨까지 모두 꺼야 하니까.
화재 조사원은 불이 난 까닭을 다시 꼼꼼히 확인하고 있어.

방화모를 벗으니 땀에 젖은 머리가 시원해.
도구들을 챙기고 있는데 반장님이 물을 주었어.
"애썼다, 김영민 대원."
물맛이 기가 막히게 좋아. 나는 이 순간이 가장 좋아.

집에 가면, 준이에게 오늘 있었던 일을 이야기해 줄 거야.
준이야, 아빠는 소방관이야.
오늘도 아빠는 용감히 일하고 최선을 다해 사람을 구했어.
준이도 언젠가는 알 수 있을까?
온몸이 땀과 그을음으로 범벅이 되어도
기쁘고 뿌듯한 내 마음을 말이야.

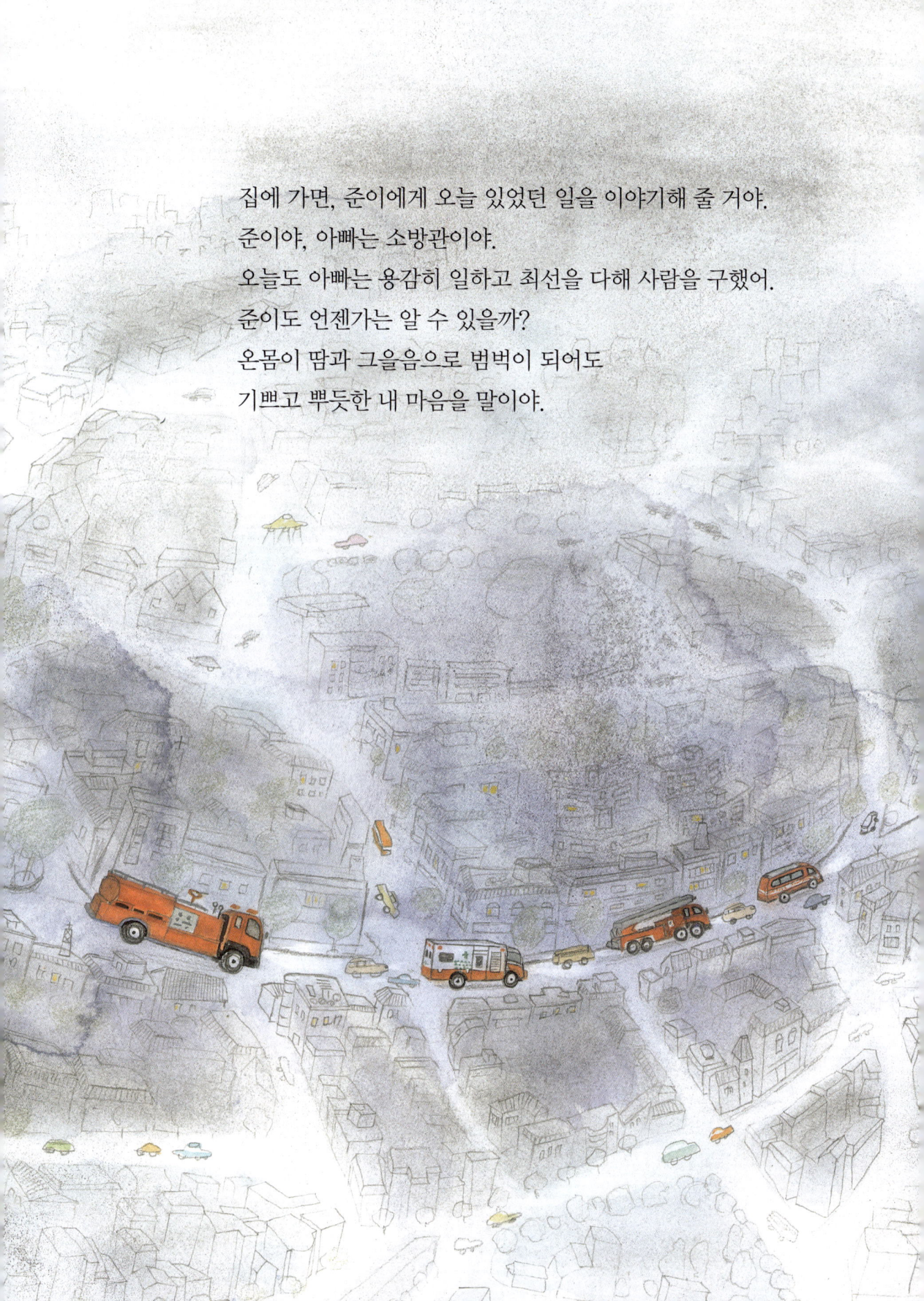

우리는 어디라도 간다

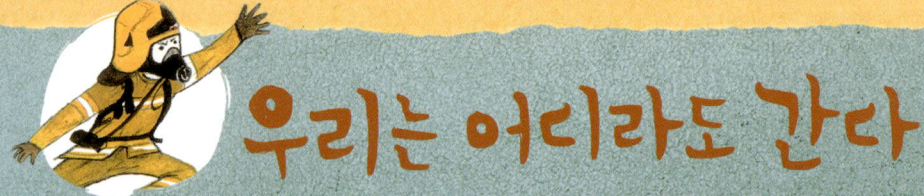

사고는 어디서나 일어날 수 있어. 산에 오르다가 길을 잃거나 다칠 수도 있어. 강에서 갑자기 물에 빠질 수도 있지. 공장에서 위험한 화학 약품에 불이 붙을 수도 있어. 이런 사고가 났을 때 출동하는 소방관이 따로 있어. 맡은 일에 따라 전문 훈련을 받은 소방관들이야. 산에서 일하는 소방관은 산길 찾는 훈련, 밧줄 타는 훈련을 많이 해. 물에서 일하는 소방관은 배 타는 훈련, 헤엄치는 훈련을 많이 해.

소방 항공대

헬리콥터를 타고 출동하는 소방관들이야. 사고 난 곳에 소방차가 가까이 갈 수 없을 때 출동해. 외딴 섬에 사는 환자를 급히 병원으로 옮겨야 할 때나 산불이 났을 때처럼 말이야.

119 수난 구조대

강이나 바다에서 일어난 사고를 맡은 소방관들이야. 사람이 물에 빠졌거나 배끼리 부딪쳤을 때, 물난리가 나서 사람들이 갇혀 있을 때 구하러 달려가.

119 산악 구조대

산속에서 길을 잃고 다쳤다면 119 산악 구조대가 달려가서 구해 줄 거야. 응급 처치를 하고 산 아래까지 데리고 내려오지.

화학 구조대

공장에서 연료나 재료로 많이 쓰는 화학 약품은 밖으로 새거나 불이 붙으면 위험해. 폭발할 수도 있어. 이런 때는 화학 약품, 폭발물, 방사능을 다루는 훈련을 많이 한 소방관들이 해결해.

구조견

영리하고 재빠른 개를 뽑아서 구조견으로 훈련시켜. 냄새도 잘 맡고, 작은 소리도 들을 수 있어서 사람을 찾고 구하는 데 큰 도움이 돼. 구조견들은 어려운 일을 하기 때문에 오래 살지 못한대. 늘 고마운 마음을 가져야 해.

고속국도 구조대

고속도로나 국도는 차들이 쌩쌩 달려서 사고가 크게 날 때가 많아. 이럴 때 고속국도 구조대가 재빨리 달려가서 구조해. 시설물이 쓰러져서 길을 막을 때도 소방관이 달려가.

국제 구조대

다른 나라에 큰 지진이나 물난리가 나면 우리나라 소방관도 도우러 가. 사고가 난 곳에서 사람들을 구하고 더 큰 사고로 이어지지 않도록 해.

119 아저씨가 알려 줄게

사고가 나면 어디든지 우리 소방관들이 구하러 달려가. 하지만 누구나 스스로 안전을 지킬 수 있는 몇 가지 방법을 알아 두는 것이 좋아. 사고가 났을 때 어떻게 해야 하는지를 미리 알고 있으면, 어려운 때에 허둥지둥하지 않고 차분하게 대피할 수 있어. 사고로 이어지는 나쁜 버릇도 고치고, 안전한 생활 습관을 익혀 두자.

언제 어디서나 안전하게!

거리에서

길을 건널 때는 신호등에 초록불이 들어와도 차가 멈추었는지 꼭 보고 건너야 해. 자전거는 자전거 길이나 운동장, 공원에서만 타기. 비 오는 날이나 밤에는 밝은 빛깔 옷을 입어야 자동차를 운전하는 사람들 눈에 잘 띄어. 골목에서 넓은 길로 갑자기 뛰어나가면 위험해. 자동차나 자전거에 부딪치지 않도록 조심!

집에서

집에서는 뛰지 않기. 뾰족한 가구 모서리에라도 부딪치면 다치니까. 목욕탕 바닥이나 욕조 안은 미끄러우니까 장난치지 말고 조심조심! 젖은 손으로 전기 플러그를 꽂거나 빼면 안 돼. 전기가 오를 수 있어. 부엌에서 찌개가 끓고 있을 때, 국물이 넘쳐서 가스레인지 불이 꺼지지 않았는지 살펴봐.

물놀이 가서

준비 운동을 꼭 하고, 손발 먼저 적시고 물에 들어가야 해. 어른이나 안전 요원이 있는 데서 놀기. 뜨거운 햇볕 아래서 오래도록 놀지 말자. 쓰러질 수도 있어.

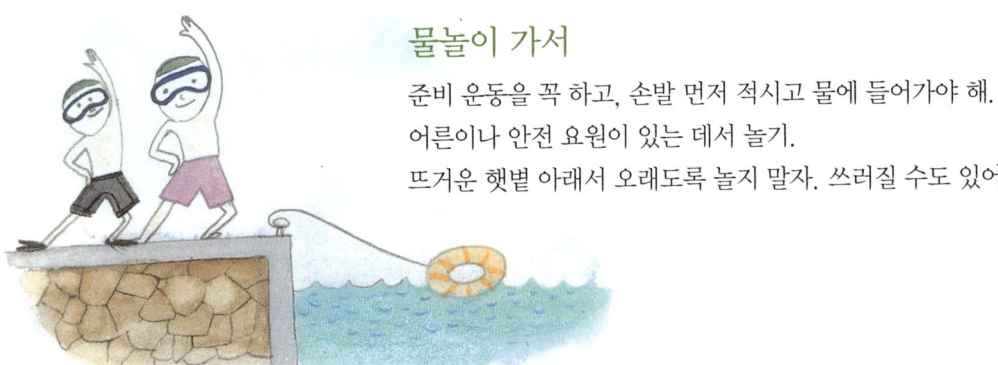

불이 났을 때는 이렇게!

"불이야!" 하고 큰 소리로 외쳐. 비상벨을 눌러서 사람들한테 불이 난 걸 알려. 안전한 곳으로 피한 뒤 119에 신고해.

높은 곳에서 아무렇게나 뛰어내리면 안 돼. 창문을 열고 수건이나 옷을 흔들어서 도움을 구해.

연기가 뜨겁고 독하니까 젖은 옷이나 수건으로 코와 입을 막아. 연기는 위쪽으로 올라가니까 몸을 숙이거나 엎드린 채로 빠져나와.

가장 중요한 것은 서둘러 밖으로 나가는 거야. 어른들 손을 꼭 붙잡고 비상구로 빠져나가. 엘리베이터를 타는 건 위험해. 전기가 끊기면 갇힐 수 있어. 비상계단으로 나가.

문을 열기 전에, 손잡이가 뜨거운지 먼저 살펴. 문이 뜨거울 때는 문 밖에 불이 있을지도 몰라. 그러니 갑자기 문을 열면 안 돼.

꼭 알아야 할 소방시설

소화전
건물 안에 있는 소화전이야. 수관이 달려 있어.

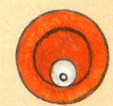

비상벨
벨을 누르면 온 건물에 큰 소리가 나. 불이 났다는 걸 알릴 수 있어.

비상문
불이 났을 때 나갈 수 있는 문이야.

통로 유도등
표시한 곳으로 따라가면 밖으로 나갈 수 있어. 깜깜할 때에도 잘 보여.

소화기
작은 불을 끌 수 있어.

작가의 말
소방관은 멋있다!

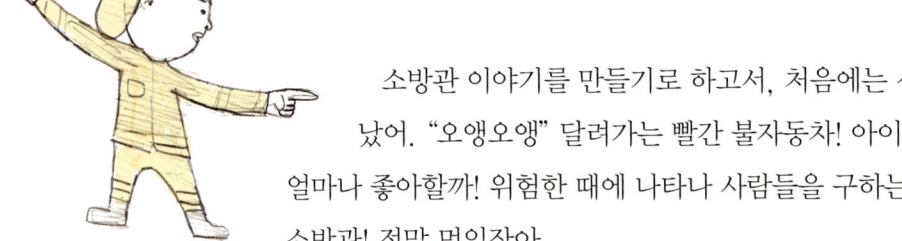

　소방관 이야기를 만들기로 하고서, 처음에는 신이 났어. "오앵오앵" 달려가는 빨간 불자동차! 아이들이 얼마나 좋아할까! 위험한 때에 나타나 사람들을 구하는 소방관! 정말 멋있잖아.
　소방서에 가서 며칠 동안 소방관 뒤를 졸졸 따라다녔어. 일하는 모습, 훈련하는 모습을 꼼꼼히 살펴보았지. 우리가 몰랐던 소방관들의 모습을 찾아서 보여 주고 싶었거든. 수많은 도구가 어떻게 쓰이는지도 다 보여 주고 싶었어. 그래서 꼬치꼬치 묻고 또 물었어. 소방관 아저씨들이 귀찮았겠지? 어쩔 수 없었어. 하도 모르는 것이 많아서, 듣지 않고 보지 않고는 한 장도 그릴 수 없었거든.
　소방관들은 대답을 하다가도 출동 벨이 울리면 벌떡 일어나 달려 나갔어. 어느 날은 나도 소방관들을 따라 구조대 버스에 탔어. 나는 떨리기도 하고 흥분되기도 했어. 소방관들은 재빨리 도구를 챙기고 옷을 입으면서도 참 침착했어. 이럴 때 너무 긴장하면 실수할 수도 있기 때문이래.
　사고 난 곳 가까이 가니 소방관들 눈빛이 달라졌어. 모두 일하기 좋은 자리부터 찾아갔어. 가지고 있던 도구를 써서 척척 일을 해 나갔지. 서로 말을 많이 하지는 않았지만 손발이 딱딱 맞았어. 훈련을 많이 해서 그런가 봐.
　그런데 문제가 생겼어. 소방관을 만날수록 오히려 책을 만드는 게 어려워졌어. 소방관이 멋있기만 한 게 아니었거든.
　불이 나면 누구나 무섭잖아. 독한 연기 때문에 눈도 코도 매워. 얼굴이 온통 눈물 콧물로 범벅이 돼. 공기가 뜨거워서

숨쉬기도 힘들어. 소방관도 똑같이 그렇대. 방화복을 입고 공기 호흡기를 쓰지만, 뜨겁고 숨쉬기 힘든 건 마찬가지야. 그런데 소방관은 어떻게 무서운 불 속으로 들어가는 걸까? 그 마음을 알기 어려웠어.

  어느 날, 불을 끄다 손을 덴 소방관을 만났어. 손등 살갗이 우글쭈글했어. 조금은 보기 흉한 손이었지.

  그 손으로 도구들을 만지며 여러 이야기를 들려주었어. 그런데 참 신기하기도 하지. 그 손이 차츰 예쁘게 보이기 시작했어. 오히려 귀하게 느껴졌어. 누군가를 살려 낸 고마운 손이잖아.

  나는 무엇을 말하고 그려야 할지 알 것 같았어. 저 손의 주인을 대신해서 이야기하면 되겠구나! 불 앞에서, 무섭다는 생각보다 사람을 살려야 한다는 생각을 먼저 하는 사람. 바로 저 소방관 이야기를 하면 되겠구나!

  다시, 소방관들이 멋있어 보이기 시작했어. 신이 나서 그림을 그렸어. 그려야 할 게 너무너무 **많아서** 힘들었지만, 그럴 때마다 소방관의 손을 생각했어.

  소방관들은 내가 생각했던 것보다 우리를 위해 참 많은 일들을 하고 있었어. 지금도 그렇고 말이야. 그분들 마음이 이 책을 통해 조금이라도 전해졌으면 좋겠어.

글·그림 **김종민**

전라남도 신안에서 태어났습니다. 산과 들, 바다에서 마음껏 뛰어놀며 자랐습니다.
충남대학교를 다니며 철학을 공부했습니다. 그림이 좋아서 한국일러스트레이션학교와
서울시립대학교 대학원에서 일러스트레이션을 공부했습니다.
『소 찾는 아이』, 『호랑이 처녀의 사랑』, 『섬집아기』, 『서유기』, 『토끼가 그랬어』,
『최척전』 같은 책들에 그림을 그렸습니다.

감수 임선호(서대문 소방서 서장)
도와주신 분 서대문 소방서(유시훈, 이성촌 외), 금산 소방서(임진묵 외), 교하 119안전센터의 소방관 여러분

일과 사람 03 소방관

출동119! 우리가 간다

2011년 5월 6일 1판 1쇄
2024년 12월 11일 1판 11쇄

ⓒ김종민, 곰곰 2011

글·그림 : 김종민 | 기획·편집 : 곰곰_전미경, 안지혜, 심상진 | 디자인 : 큐리어스_권석연, 정지은
제작 : 박홍기 | 마케팅 : 이장열, 김지원 | 홍보 : 조민희
출력 : 한국커뮤니케이션 | 인쇄 : 코리아피앤피 | 제책 : 책다움
펴낸이 : 강맑실 | 펴낸곳 : (주)사계절출판사 | 등록 : 제 406-2003-034호
주소 : (우)10881 경기도 파주시 회동길 252
전화 : 031)955-8588, 8558 | 전송 : 마케팅부 031)955-8595 편집부 031)955-8596
홈페이지 : www.sakyejul.net | 전자우편 : picturebook@sakyejul.com
블로그 : blog.naver.com/skjmail | 페이스북 : facebook.com/sakyejulpicture
트위터 : twitter.com/sakyejul | 인스타그램 : sakyejul_picturebook

값은 뒤표지에 적혀 있습니다. 잘못 만든 책은 구입하신 서점에서 바꾸어 드립니다.
사계절출판사는 성장의 의미를 생각합니다. 사계절출판사는 독자 여러분의 의견에 늘 귀 기울이고 있습니다.
이 책은 저작권법에 따라 보호받는 저작물이므로 무단전재와 복제를 금합니다.

ISBN 978-89-5828-542-7 74370 ISBN 978-89-5828-463-5 74370(세트)